Género **Fábula**

Pregunta esencial

¿Qué nos pueden enseñar las historias de animales?

La tela y la miel

Miguel Ísola

ilustrado por René Venegas

Capítulo 1

¿Dónde está la miel?

La araña Ingrid era muy glotona. Cada día tenía apetito de cosas diferentes.

Un día, había decidido hacer un rico postre con miel.

Realmente lo quería. Pero tenía un grave problema: no tenía miel.

Allí estaba, en su rama, tratando de encontrar una solución a su problema.

"¿De dónde puedo sacar miel para hacer un delicioso pastel? ¿A quién puedo pedirle? El que tiene mucha miel es el oso, pero sé que es muy peligroso", pensó.

—¡Ya sé! —exclamó.

Hizo una soga y con mucha habilidad bajó de las ramas.

Llegó hasta un árbol cercano donde había abejas que entraban y salían de un panal.

—Buenas tardes, abejas. ¡Cuánto trabajan! —dijo la araña.

—Sí, hacer miel es un trabajo duro. Nos encanta hacerlo —dijo una abeja.

—Y ustedes hacen la miel más rica de la región —respondió la araña—. ¿Podrían darme un poco para preparar un pastel de miel?

—Claro, llévate la que necesites. Hemos recolectado mucho polen hoy —dijo la abeja.

—Oh, muchas gracias. Si necesitan ayuda, cuenten conmigo —exclamó la araña.

De regreso en su tela, Ingrid hizo una versión de su pastel preferido y se lo comió sola. Ni siquiera pensó en convidar a sus amigas.

Capítulo 2

La luz de la bondad

Unos días más tarde, la araña le sacaba brillo a su anillo de oro preferido.

Se había acomodado en la rama de un árbol.

De pronto, estornudó y el anillo se le escapó.

El anillo cayó y rodó hacia una cueva abandonada.

Ingrid bajó a buscar su anillo pero dentro de la cueva no podía ver nada.

"¡No puedo encontrar mi anillo! ¿Qué puedo hacer?", pensó.

—¡Ya sé! Tengo una idea —exclamó.

La araña fue a ver a sus amigas las abejas.

—¿Qué sucede Ingrid? —preguntó una abeja.

—Estoy muy triste. He perdido algo importante en una oscura cueva donde no se ve nada. No sé qué hacer —respondió la araña.

—Oh, no te preocupes. Te prestaremos un poco de cera. Así podrás hacer muchas velas y ver dentro de la cueva —dijo una abeja.

—¡Qué buena idea! ¿Harían eso por mí? —preguntó la araña.

—¡Claro que sí, llévate toda la cera que necesites! —exclamó otra abeja.

—Gracias. Si puedo colaborar en algo con ustedes, díganlo —respondió finalmente la araña.

Detective del lenguaje **¿Hay sustantivos femeninos en esta página? Identifica cinco ejemplos.**

Ingrid volvió muy entusiasmada a su tela. Las abejas eran muy buenas y le daban todo lo que ella necesitaba.

Encendió las velas y entró en la cueva oscura.

Con la luz de la vela podía ver a su alrededor. Después de un rato, encontró su anillo.

Esa noche durmió muy feliz en su tela.

Capítulo 3

El frío del corazón

Era el día más frío del año. Las abejas no sabían cómo calentarse. Se refugiaron en el panal y encendieron velas. Pero nada era suficiente.

Tomaron té con miel, pero seguían heladas. El frío era peligroso para las más pequeñas. Había que encontrar una solución.

—¿Y si le pedimos a la araña Ingrid que nos teja una manta? —dijo una abeja.

—¡Qué buena idea! —exclamaron todas.

—Así podremos abrigar a las pequeñas —agregó otra.

—¡Tienes razón! —repitieron todas entusiasmadas.

Las abejas fueron a ver a Ingrid.

—Hola amigas —dijo la araña—. ¿Qué las trae por acá?

—Nuestras pequeñas abejas se mueren de frío. ¿Nos podrías tejer una manta para ellas? —pidieron las abejas.

—Lo lamento, amigas, pero tejer una manta da mucho trabajo. No voy a hacerlo a menos que me paguen el trabajo —respondió la araña.

—Pero nosotras te hemos ayudado antes y nunca te hemos pedido nada a cambio... —dijeron las abejas.

—Tal vez, pero esto es diferente —contestó la araña.

—Te pagaremos con miel y cera, ¿de acuerdo? —dijo una abeja.

—Ahora no necesito miel... y no quiero la cera —contestó la araña de inmediato—. Ahora tengo demasiado frío para ponerme a tejer.

Las abejas se alejaron indignadas, enojadas y desanimadas.

¿Cómo harían para abrigar a las más pequeñas?

Capítulo 4

El calor de la amistad

Las abejas no sabían qué más podían hacer, pero no iban a darse por vencidas.

Se trasladaron de un lugar a otro por el bosque.

Después de un tiempo, volvían heladas y desanimadas al panal. De pronto vieron una tela de araña en una rama.

Muchas luces de colores colgaban a su alrededor.

—Miren, allí debe vivir una araña... —dijo una abeja.

—Sí, vamos. Tal vez pueda tejer una manta para nosotras —exclamó la más pequeña.

Detective del lenguaje

El sustantivo manta, ¿es masculino o femenino? ¿Cómo lo sabes?

Una araña sonriente se asomó entre las hojas.

—¡Hola! —dijo sorprendida al verlas—, soy Dona. ¿Qué las trae por acá, amigas?

—Hola, Dona. Estamos buscando algo para abrigar a nuestras pequeñas. ¿Podrías ayudarnos? —dijo una abeja.

—Oh, puedo hacer una manta larga y gruesa. Soy muy rápida tejiendo —dijo la araña.

—Te lo pagaremos con miel y cera —dijo una abeja.

—Oh, no. No tienen que darme nada a cambio. En un rato les llevaré la manta. ¿En qué árbol está el panal? —preguntó la araña.

—En aquel árbol de ramas blancas, junto al arroyo. ¡Te esperaremos! —dijeron las abejas.

—Iré muy pronto —contestó la araña.

Las abejas se alejaron, felices.

Esa misma noche, la araña Dona llegó al panal. Traía con ella un rollo enorme.

Unas hormigas que caminaban en hilera hacia su hormiguero, la miraron con curiosidad.

Dentro del panal, Dona desató el hilo que envolvía el rollo. Una hermosa manta de colores se desplegó en el piso.

Era tan larga que algunas abejas pequeñas quedaron debajo.

Hubo una gran exclamación general. Todas las abejas empezaron a hacer zumbar las alas, como cuando están felices.

Desde esa noche las abejas durmieron todas calentitas... Todas, todas... ¡Porque la manta era tan grande que alcanzaba para todas!

Y desde ese día, Dona fue una gran amiga de la colmena. Las abejas la invitaban a todos los banquetes de miel.

En cuanto a Ingrid, no volvió más al panal. No se atrevió a pedir miel para sus pasteles. Quizás haya aprendido la lección y sea más generosa la próxima vez.

Moraleja: Debemos ser buenos y generosos.

Respuesta a la lectura

Resumir

Usa detalles importantes para resumir *La tela y la miel.*

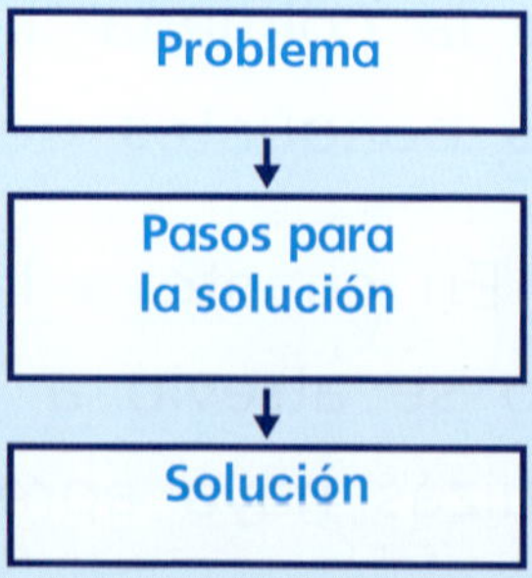

Evidencia en el texto

1. ¿Cómo sabes que *La tela y la miel* es una fábula? **GÉNERO**

2. Vuelve a leer las páginas 12 y 13. ¿Qué solución encuentran las abejas al problema del frío? **PROBLEMA Y SOLUCIÓN**

3. En la página 3, ¿qué significa el sufijo *-oso* en la palabra *peligroso*? **SUFIJOS**

4. Escribe sobre por qué la araña Dona ayudó a las abejas. **ESCRIBIR SOBRE LA LECTURA**

Género **Texto expositivo**

Compara los textos

Lee sobre las fábulas del prado.

Fábulas del prado

Illustration: Jonay Bacallado

Félix María de Samaniego fue un escritor español. Samaniego amaba los prados y los animales que lo habitan. Le gustaba observar cómo se comportaban y los tomaba como inspiración para escribir sus fábulas.

Las fábulas del prado muestran a animales tranquilos. No son feroces como los animales de la selva.

Samaniego escribió fábulas como "El asno y el lobo" o "El ciervo y los bueyes", donde los animales del prado tienen mucho que enseñarnos.

Las fábulas dejan lecciones que nos ayudan a crecer. Esas lecciones se llaman “moralejas”.

Las fábulas de Samaniego nos enseñan lecciones de convivencia y solidaridad.

Haz conexiones

¿Qué nos pueden enseñar los animales del prado? **PREGUNTA ESENCIAL**

¿Qué lección aprenden los animales del prado en *La tela y la miel*? **EL TEXTO Y OTROS TEXTOS**

Enfoque: Elementos literarios

Diálogo El diálogo es lo que dicen los personajes en un cuento.

Lee y descubre Busca el guión largo mientras lees un cuento. Los guiones largos muestran dónde comienza y termina el diálogo. Mira este ejemplo del cuento:

—Te lo pagaremos con miel y cera —dijo una abeja.

Tu turno

Escribe un cuento de animales con diálogo. Usa guiones largos para indicar lo que dice cada uno de los personajes.

Túrnense con un compañero o una compañera para leer los cuentos en voz alta. Lean los diálogos con distintas voces. Trabajen juntos y lean los cuentos a la clase.